Dezember 2019

Liebe Birgitt,

Ich wünsche Dir zu Deinem
Geburtstag und für das kommende
Jahr 2020 alles Liebe und Gute!
Ich wünsche Dir viele kleine und
große Wunder, dass sich Deine Wünsche
erfüllen, Du immer genug Zeit hast
um gutes für Dich zu tun!
Viel Zeit und Spaß mit Philipp!
Bleibe gesund und munter,
das wünscht Dir Bella

Christina Plate

Seelenperlen – für ein Leben im Vertrauen

Lotusherz
VERLAG

Layout und Design: Christina Plate und Anne Lahnert
Druck und Bindung: Laubengaier Druck
Papier: FSC-Papier aus nachhaltiger Forstwirtschaft

Bildquellen: alle Bilder von Christina Pate

ISBN: 978-3-947189-04-5

1. Auflage 2019

Für alle, die tiefer schauen.

Seelenperlen in Wort und Bild als Inspirationsquelle

Dieses Büchlein kannst du auf verschiedene Art und Weise nutzen. Du kannst es von vorn bis hinten durchlesen. Betrachte dabei die Bilder und tauche tief in die gesamte Botschaft des Buches ein.

Vielleicht magst du es als Seelenimpuls verwenden. Dafür schlage eine beliebige Seite auf und benutze den auftauchenden Satz samt Bild als Leitsatz für deine Meditation oder als Motto für den Tag.

Das Format des Büchleins ist bewusst in dieser Größe gewählt, damit du es gut an deine Lieblingsplätze mitnehmen kannst.

Es kann dir Impulse, andere Sichtweisen und Anregungen geben. Manche Seelenperlen werden dir besonders zusagen, andere nicht sofort. Manches ist gleich sonnenklar, über anderes wirst du vielleicht nachdenken oder tiefer spüren wollen.

Alles hat seine Berechtigung, alles zu seiner Zeit.
Und das ist gut so.

Lass dich inspirieren und richte dich immer wieder auf das aus, was auf deinem Seelenweg wirklich wichtig ist. Die Aussagen und die Bilder können dich immer wieder daran erinnern.

Ich wünsche dir viel Freude und tiefe Erkenntnisse mit den Seelenperlen – Inspirationen für ein Leben im Vertrauen.

*Du verdienst es
glücklich zu sein.*

Du darfst glücklich sein.

Nimm dich selbst wichtig.

Es ist lebenswichtig,
dass es dir gut geht.

Erlaube dir, für dich selbst
da zu sein.

Du musst nicht dauernd Stärke beweisen.

Du darfst verletzlich sein.

Werde dir bewusst:

Was ist deine Kraftquelle?
Woher beziehst du deine Kraft?
Was lässt dich bei dir selbst sein?
Was lässt dich strahlen?

*Kein Lehrer, kein Buch,
kein anderer Mensch
vermag die Weisheit
deiner inneren Führung
zu übertreffen.*

Verbindung mit der inneren Stimme

Die innere Stimme ist leise. Ganz leise sagt sie uns, was wir tun können. Je öfter du mit ihr in Kontakt bist, umso deutlicher kannst du sie wahrnehmen.

Kennst du deine innere Stimme? Du hattest schon Kontakt mit ihr. Dein intuitives Wissen, dein Warnsignal, dein Bauchgefühl – es gibt viele Worte dafür.

Jeder von uns hat seinen eigenen Weg, seine innere Stimme zu hören und mit ihr in Verbindung zu sein. Jeder Weg zum Hören und Wahrnehmen der inneren Stimme ist einzigartig.

Wichtig: Nimm dir regelmäßig Zeit für dich.
Komm zur Ruhe und suche aktiv den Kontakt
nach innen.

Entspann dich, nimm deinen Atem wahr.
Fühle in deinen Körper hinein, zu deinem Herzen.

Frag nach Innen, was jetzt für dich wichtig ist – jetzt in diesem Moment oder was immer dich bewegt.

Warte auf eine Antwort. Dein Verstand wird dir sagen das geht doch nicht. Aber da ist diese leise Stimme. Nimmst du sie wahr? Vielleicht bekommst du sofort eine Antwort. Manchmal kommt sie zu einem späteren Zeitpunkt zu dir: Indem du etwas hörst, liest oder siehst und du weißt schlagartig DAS ist es.

Je öfter du nach innen schaust und fragst, um so präsenter ist die innere Stimme. Lass dich leiten – es wird leichter mit jedem Mal.
Vertraue.

Im Einklang
mit deiner Seele
erlebst du den
Zauber des Lebens,
den Zauber der Welt.

Deine Seelenreise
entfaltet sich auf die
für dich
bestmögliche Weise.

Das Leben kann sich schnell ändern.

Wie gehst du damit um?
Wie denkst du?

*Triff deine Entscheidungen
unter dem Gesichtspunkt,
ob es dir damit gut geht
oder nicht.*

Jedoch nie aus Angst heraus.

Dein Leben gestaltet sich
gemäß den Entscheidungen,
die du triffst.

Jeder Wunsch ist
eine Entscheidung.

Übergib dem Leben
deine Pläne.

Wunder geschehen,
wenn du
zur Seite trittst.

*Je weniger
Widerstand oder Festhalten
du im Leben hast,
desto natürlicher und sanfter
verläuft dein Leben.*

*Es ist unmöglich
Angst zu haben,
wenn du lächelst.*

Übung:

Sich selbst anlächeln

Lächeln beeinflusst unsere Gefühle. Wer sich selbst anlächelt, fühlt sich glücklicher.

Du kannst dich vor den Spiegel stellen und dich anlächeln. Das fällt manchmal schwer, aber schon das könnte dich zum Lachen bringen.

Du kannst dir auch ein schönes Ereignis, einen goldenen Moment deines Lebens, vorstellen. Etwas, worüber du schon einmal gelächelt hast oder lächeln würdest.

Dir ist nicht zum Lächeln oder zum Lachen?
Dann versuche mal folgende Übung:

Beginne zu lächeln, indem du deine Mundwinkel so hoch ziehst, dass du es in deinen Wangen spürst, vielleicht öffnen sich deine Lippen ganz leicht. Bis in die Augenwinkel kannst du es wahrnehmen. Eben so, wie es ist, wenn du ganz echt und herzhaft lächelst.

*Halte dann das Lächeln für mindestens 90 Sekunden, gerne länger.
Vielleicht wird ein Lachen daraus?*

Ja, es fühlt sich erst einmal eigenartig an. Aber dabei passiert etwas Wunderbares: Deine Stimmung verbessert sich mit jeder Sekunde.

Und vergiss nicht: Lächeln bewirkt Lächeln.

Hör auf zu zweifeln,
dich zu ängstigen,
zu grübeln, zu trauern.

Lächle und wisse.

Gehe liebevoll mit dir um.

Niemand anderes als du selbst ist für dein Glück oder Unglück verantwortlich.

Du selbst trägst die Verantwortung für dein Glück.

Niemand anderes ist dafür zuständig: weder Partner, noch Familie, Kinder, Eltern, Freunde, Chef, Mitmenschen, Politik oder das Wetter.

*Überlass
dich
voller Hingabe
dem Leben.*

Hingabe als solches
bedeutet Freiheit,
nicht Selbstaufgabe.
Das Loslassen und Vertrauen
ins Leben, die Hingabe ans Leben
erfordert manchmal viel Mut.

Freiheit ist der Gewinn.

Es liegt eine große Kraft
in der Hingabe.
Sie verlangt Mut.

Aber sie erleichtert auch die Dinge,
denen du dich stellen musst.

Sich dem Fluss des Lebens
hinzugeben und dadurch
Frieden, Gesundheit,
Freiheit, Fülle und Glück
zu erleben,
bedarf ein offenes Herz.

Dein Herz ruft
zu einem größeren,
von alten und überhaupt
allen Begrenzungen,
freien Leben.

*Die Führung deines Herzens
ist dein zuverlässigster und
treuester Begleiter
durch dein Leben.*

Dein Herz möchte,
dass du glücklich bist.

*Dein Herz spricht lauter
als deine Angst.*

Wenn du es erlaubst.

Herzmeditation

Nimm eine entspannte Körperhaltung ein.
Achte darauf, dass deine Beine nicht überkreuzt sind.
Deine Hände kannst du gern auf deinen Brustkorb
oder auf dein Herz legen.
Schließe deine Augen.

Spüre zu deinem Herzen. Nimm das sanfte, stetige
Pochen wahr, dass dich am Leben hält. Spüre weiter
nach Innen.
In deinem Herzen ist sooo viel Liebe –
Liebe zu dir, Liebe zum Leben.

Fühle diese Liebe.
Fühle Dich einfach wohl in deinem Herzen.

Bleibe mit deiner Aufmerksamkeit ganz in deinem Herzen. Fühle es wirklich.

Und dann frage dein Herz, was es dir zu sagen hat. Höre deinem Herzen zu.

Du kannst mit deinem Herzen immer in Verbindung sein. Jederzeit. Erlaube es dir.

Nach einer Weile öffnest du wieder die Augen. Dein Herzgefühl bringst du mit dir.

Die Sprache des Herzens
ist sanft, mutig und
immer voller Liebe.
Es ist unsere Führung
durch das Leben.
Du kannst der Stimme zuhören,
ihr vertrauen und folgen.
Handelst du wirklich nach ihr,
dann wirst du ein erfülltes,
glückliches Leben leben.

Mutig im Leben
der Stimme des Herzens
zu folgen heißt,
sein Leben anzunehmen,
die Lektionen des Lebens
zu lernen und damit Heilung
ins Leben zu bringen,
welche letztendlich
immer
zur Liebe führt.

Die Liebe überschreitet
die Grenzen
der materiellen Welt.

Das ist ihre Natur.

Wahre Stärke ist:
Körper und Herz
sind im Einklang.

Wenn du nach Segnungen
Ausschau hältst,
entdeckst du
immer
mehr davon.

Dankbarkeitsübung

Dankbarkeit zu erfahren ist eine sehr wirksame Art, mit deiner Seele in Kontakt zu treten.

Dankbarkeit lässt uns das Leben wertschätzen in all seinen Facetten.
Dankbarkeit zieht Wunder an.

Ernstgemeinte Dankbarkeit, ehrliche Dankbarkeit vom Herzen aus, lässt das Schöne, das Positive in jedem Moment sehen.

Wofür bist du dankbar?

Schon ein kurzes Besinnen kann deinen Blick verändern und dein Herz berühren.

Schließe deine Augen, bringe deine Aufmerksamkeit zu deinem Herzen und denke für die nächsten Minuten an alle die Dinge, für die du dankbar bist und für die du dankbar sein könntest:

An die Menschen, Situationen, materiellen Dinge in deinem Leben, an deinen Körper, deine Gesundheit, Begegnungen, an deine Arbeitsstelle, Talente, die du hast, Orte, die du liebst...

Sitze einfach nur da und spüre das Gefühl von Dankbarkeit.

Danke. Danke. Danke.

Nach einer Weile öffne wieder die Augen, atme tief durch und gehe mit dankbarem, liebevollem Herzen durch deinen Tag.

Schönheit gibt es überall.

Kannst du sie sehen?

Die Großartigkeit des Lebens
liegt in allem
verborgen:
In all seinen Sonnen- und
Schattenseiten,
in all´ seinen Frustrationen
und Freuden,
in allem Licht und Dunkel,
in allem Werden und Vergehen.

*Um Schönheit zu erkennen,
musst du immer wieder
deinen Blickwinkel
ändern.*

*Deine Betrachtungsweise,
deine Haltung zu den Dingen
und Situationen bestimmt,
was gut, schön
und vollkommen ist.*

Kannst du
deine Sichtweise ändern?

*Deine Möglichkeiten
werden durch das,
was du über
dich selbst denkst,
beschränkt.*

*Frieden erfährst du
in der Akzeptanz
der Dinge,
die nicht zu ändern sind.*

Jeder Tag ist vollkommen.

Finde die Balance zwischen Bewegung und Ruhe.

Genieße den Augenblick.

So wird dein Leben glücklich sein.

Jeder Tag
birgt sein eigenes Wunder
in sich.

Kannst du es sehen?

Jeder Tag darf so sein,
wie er ist.

Du hast genügend Freiraum.

Wenn du dich nicht
auf ein bestimmtes
Ereignis fixierst,
öffnest du dich
dem Fluss dessen,
wonach dein Herz
sich sehnt.

*In jedem Hindernis,
das sich dir
entgegenstellt,
liegt auch ein
Segen.*

Von einer höheren Warte
aus betrachtet,
sind die Dinge
vollkommen.

Was ist das Beste, dass dir passieren kann?

Stelle es dir vor, fühle es.
Es wird geschehen.
Und wenn das,
was du dir vorstellst,
nicht das Beste für dich ist,
dann wird noch etwas
viel Schöneres passieren.

Denkst du vielleicht zu klein?

Übung:
Ich bin ein Gewinner

Ob du gerade etwas ganz Großes geschafft hast oder dich unsicher fühlst, diese kleine Übung hilft dir, dich emotional zu stärken und gute Gefühle zu entwickeln.

Deinem Unterbewusstsein ist es egal, ob das Ereignis eingetreten ist oder nicht. Wie du es empfindest, wenn du daran denkst, ist wichtig. So, wie du es fühlst, so unterstützt dich dein Unterbewusstsein: Es lässt dich sicherer und strahlender auftreten oder wenn du an einen Misserfolg glaubst oder in einem unguten Gefühl badest, dann verstärkt es diese Emotionen.

Wie möchtest du dich fühlen?

Stehe mit beiden Beinen etwa hüftbreit auseinander, die Füße sind fest mit dem Boden verbunden.

Strecke nun beide Arme nach oben, über den Kopf. Schau nach oben oder zumindest geradeaus. Und dann lächle dir selbst zu. Lobe dich innerlich selbst, für das, was du geschafft hast. Und wenn das Ereignis noch vor dir liegt, dann stelle dir vor, du hast es bestmöglich absolviert. Du kannst stolz auf dich sein.

Stehe mit erhobenen Armen, stelle dir vor, das Bestmögliche ist eingetreten und du hast es geschafft. Feiere Dich, freue dich für dich selbst. Wenn du magst, dann juble, drücke deine Freude aus.

Tue das ein paar Minuten lang und genieße das freudige Gefühl.

Es ist in Ordnung,
ein leichtes Leben
zu wollen
und es auch zu haben.

Nur die Wahrheit bringt Frieden.

Gehe mit
Liebe und Leichtigkeit
deinen Weg.

Je liebevoller
du mit dir selbst umgehst,
desto mehr
zeigt dir das Leben,
dass du nicht kämpfen musst.

*Deine Lebensreise verläuft
um so freudiger,
je mehr du darauf vertraust,
dass alles zur rechten Zeit
kommen wird.*

*Es gibt für alles den
richtigen Zeitpunkt –
auch wenn du das vielleicht
nicht glauben magst.*

*Jede Veränderung
bietet dir die Gelegenheit
zu lernen und
inneren Frieden
zu finden.*

Wahre Lebensfreude
erlebst du, wenn du
mit ganzem Herzen lebst,
was deine Seele sich wünscht,
wenn du im
Einklang mit dir selbst bist.

Du erfährst Freude,
wenn du bereit bist dich
darauf einzulassen.

Und es wird mehr Freude,
je mehr du dich
der Freude hingibst
und dich der Freude
öffnest.

Je mehr du wagst
du selbst zu sein,
umso heiler
wirst du.

*Heilsein
bedeutet auch
glücklich sein.*

Es darf leicht sein.

In Wahrheit
geht es immer nur
um die Liebe.

Danke

Die Seelenperlen haben mich aufgefordert, dem Leben zu vertrauen und dem zu folgen, was meine Seele möchte.
Ich bin sehr dankbar für diese Impulse aus dem Seelenwissen.
Indem ich sie befolge, komme ich in einen ungeahnten Flow.
Es kann so einfach sein.

Ich danke dem Leben und allen Weggefährten: Meinem Mann, meinen Freunden, meinen Seminarteilnehmern, Menschen, die mich begleiten, und die ich begleiten darf.
Wir lernen voneinander, miteinander und erinnern uns gegenseitig an das, was wirklich wichtig ist:

In Wahrheit geht es immer um die Liebe.

Vielen Dank an alle, die in meinem Leben sind und waren.

Über die Autorin:

Christina Plate, Jahrgang 1974, ist ausgebildete Klangmassage-therapeutin mit Planetenklangschalen, Yogalehrerin, Meditations-kursleiterin und anerkannte Heilerin nach den Richtlinien des DGH e.V.. Sie unterrichtet Kurse und Ausbildungen rund um Yoga, Klangschalen und Meditation.
Bevor sie ihren Weg mit den Klangschalen, Yoga und Meditation fand, war sie erfolgreich in der Wirtschaft tätig.
Aufgrund persönlicher Lebensumstände und Umbrüche beschäftigte sie sich verstärkt mit Meditation, Yoga, Spiritualität und fand darin ihre Berufung.

Mit diesem Büchlein folgt sie ihrer Liebe zum Leben, Schreiben und Fotografieren. Alle Bilder im Buch stammen von Christina.

Weitere Veröffentlichung:

Seelenmomente – Rituale mit Klangschalen im Alltag.

Lotusherz-Verlag ISBN 978-3-947189-00-7

www.lotusherz-verlag.de

Seminare für die Seele mit Christina

Es sind Seminare zum Wohlfühlen, die die Seele erspüren lassen, und die Dir die Möglichkeit geben, Kraft zu tanken. Genieße diese Seminare voller wunderbarer Seelenmomente.

Begleitet von Klangschalen, Traumreisen, Meditationen, Ritualen, Naturerlebnissen, vielen neuen Inspirationen und Eintauchen in Themen, kann Deine Seele sich entfalten. Du findest die Seminare unter www.lotusherz.de oder unter www.seelenmomente.online

Falls Du selbst mit Menschen arbeitest und Klangschalen in Deine Arbeit einbinden möchtest, dann begleite ich Dich gern auf diesem Weg. Diese Seminare kannst Du unter www.sound-spirit.de/seminare entdecken.

Ich würde mich sehr freuen, Dich auf Deinem Seelenweg begleiten zu dürfen.

Herzlichst
Christina